AF555123

DÉFENSE

DE

CHATEAUDUN

CHATEAUDUN, IMPRIMERIE H. LECESNE.

DÉFENSE
DE
CHATEAUDUN

DANS LA JOURNÉE DU 18 OCTOBRE 1870

INCENDIES

DE VARIZE ET DE CIVRY

PAR L.-D. COUDRAY

AVEC UN PLAN DE LA PRISE DE CHATEAUDUN.

Troisième Édition

PARIS
E. DENTU, LIBRAIRE-ÉDITEUR
Palais-Royal, galerie d'Orléans, 17 et 19

CHATEAUDUN
POUILLIER-VAUDECRAINE, LIBRAIRE

1871

DÉFENSE

DE

CHATEAUDUN

Indépendamment de quelques dépêches fort laconiques et passablement inexactes, plusieurs récits plus ou moins circonstanciés de la belle défense de Châteaudun, dans la journée du 18 octobre, ont déjà été publiés. Mais, parmi eux, aucun n'altère plus audacieusement la vérité que la relation prussienne envoyée au *Times* par son correspondant berlinois, d'après les renseignements puisés dans le rapport officiel allemand.

Il ne faut pas autrement s'en étonner, car, avant cette étrange version, le *Moniteur prussien* de Versailles avait déjà risqué ces lignes sur le combat de Châteaudun :

« On a appris la nuit dernière qu'il y avait eu, « aux environs de Châteaudun, un engagement « dans lequel le corps de Wittich avait battu un « corps de troupes françaises commandées par un « officier polonais.

« Des mesures sévères vont être prises contre « les étrangers qu'on trouvera armés. »

Pour édifier tout de suite le lecteur sur la véracité allemande, avant d'entrer nous-même complètement en matière, voici du reste le singulier récit du *Times* :

« L'occupation de Châteaudun » — dit le journal dévoué à la Prusse — « le 18 octobre, a été « l'objet d'un rapport officiel qui place les mobiles « sous un jour plus favorable, et tout nouveau. « Quelles qu'aient été leurs imperfections dans « le principe, ils se sont battus à cette occasion « comme des vétérans, derrière les barricades et « les murs des jardins percés de meurtrières.

« Au nombre de 4,000 environ, ils ont bloqué « toutes les entrées de la ville et se sont si bien « mis à couvert, que les Allemands ont dû bombarder la ville pendant huit heures avant de « pouvoir songer à faire une attaque directe et « décisive.

« Il était neuf heures du soir quand les 30 « canons qui avaient commencé l'œuvre de des-

« truction durent être mis en position pour frayer « le chemin aux colonnes d'assaut ; mais les pro- « grès de l'assaut furent entravés par les plus « solides barricades qui aient encore été rencon- « trées dans cette guerre de siéges.

« Derrière une épaisse couche de fascines, s'é- « levait un mur en terre, de 5 pieds de haut sur « 3 de large, flanqué de pierres supportées par « des troncs d'arbres, de manière à ajouter à la « solidité de l'ensemble, et à former une sorte de « parapet au sommet de l'ouvrage. Ce formidable « obstacle, garni d'une double rangée de chas- « sepots, a résisté aux efforts de l'infanterie qui « s'avançait tambour battant et baïonnette croisée. « Après quelques tentatives infructueuses, l'artil- « lerie fut mise de nouveau à l'œuvre, mais avec « peu de succès, les grenades éclatant dans la « terre, et faisant comparativement peu de mal. « Les moyens d'attaque ordinaires ayant été « épuisés, l'ordre fut donné par le général Wittich, « qui commandait l'expédition, d'enfoncer les « murailles, et de pénétrer de maison en maison « jusqu'à l'arrière des barricades, mais cette tac- « tique ne découragea pas les Français : ils défen- « dirent les maisons pas à pas et firent éprouver « de grandes pertes aux sapeurs qui abattaient les « murs à coups de pioches. Après un affreux

« carnage de part et d'autre, les Allemands réus-
« sirent à mettre le feu à la ville et à faire pri-
« sonniers la moitié de ses défenseurs ; l'autre
« moitié fut en grande partie massacrée. Peu
« échappèrent. Les deux tiers de la ville, qui
« était entièrement défendue par des barricades,
« ont été détruits. »

Et voilà comment on écrit l'histoire...... en Allemagne !

Eh bien ! n'en déplaise au *Times* et à son honnête correspondant berlinois : à part ces actes de froide cruauté qu'il met, comme la chose la plus simple du monde, sur le dos des Allemands ; à part la description à peu près exacte — non pas de toutes — mais de quelques-unes des barricades, tout est absolument controuvé dans les lignes qu'il publie. Oui, tout : et le nombre, et l'arme des défenseurs, et l'importance de leurs pertes, et la loyauté du mode d'attaque, et la convenance des moyens de vaincre une énergique résistance.

Donc, pour rétablir, autant que possible, la vérité sciemment altérée de ce côté, imparfaitement présentée des autres ; pour montrer sous leur véritable jour, et les préliminaires du combat du 18 octobre, et les faits multiples dont l'ensemble constitue ce combat, et les scènes affreuses qui l'ont accompagné et suivi, voici ce que nous avons à dire, — en droit que nous sommes de nous écrier avec le héros de Virgile :

> Quæque ipse miserrima vidi,
> Et quorum pars........................

I.

Et d'abord, il est constant qu'aussitôt après l'extension rapide de l'invasion allemande dans toute la région nord-est de la France, l'investissement complet de Paris, et les premières incursions de l'ennemi dans les plaines de Beauce, Châteaudun dut se convaincre qu'il recevrait la visite des Prussiens. Mais, avant la rude journée du 18 octobre, il lui était bien impossible de prévoir par quelles forces il serait attaqué. Les Allemands viendraient-ils en grand nombre? Se contenteraient-ils d'essayer de nous rançonner par l'envoi de quelques uhlans pillards? Telles furent les questions que se posèrent les diverses administrations successivement chargées des intérêts de la cité ; car, s'il se manifesta parmi elles certaines divergences d'opinion sur le mode et l'étendue de la résistance, tout le monde, — il faut bien le dire, — fut d'avis de résister en principe.

Du reste, on respectait en cela les sentiments

de la population, qui s'est toujours montrée prête à lutter contre l'invasion, dans les limites du possible.

Ainsi, avant le 18 octobre, les Dunois donnaient à plusieurs reprises la preuve de leurs intentions patriotiques et belliqueuses :

D'abord, la garde nationale organisée et armée rapidement, pour la plus grande partie, montrait constamment beaucoup d'ardeur et d'exactitude aux exercices, qui, à la fin de septembre, avaient lieu tous les matins. Chacune des cinq compagnies, composée d'environ 200 hommes, montait alternativement ses 24 heures de garde aux postes de l'hôtel-de-ville, de la gare et de la caserne.

En même temps, pour augmenter le plus possible les chances de succès dans la défense, on publiait dans l'*Écho Dunois* (n° du 28 septembre) les réflexions suivantes :

« Quand l'ennemi est à nos portes, il est bon « de prendre les plus simples précautions com- « mandées par la prudence.

« Est-ce que, dans le Comité de défense, il n'a « pas été question d'établir un service d'éclai- « reurs ? Est-ce qu'il n'a pas non plus été convenu « de placer des guetteurs dans les différents « observatoires que nous possédons : le clocher « de Saint-Valérien par exemple ?

« S'il en est ainsi, tout retard dans l'exécution « de ces mesures est extrêmement regrettable ; « car l'établissement immédiat de guetteurs et « d'éclaireurs — coûte que coûte — est le plus « sûr moyen d'éviter une surprise et de pourvoir « à la sécurité de la ville. Allons, qu'on mette « bientôt en exercice ces utiles auxiliaires. Le « salut de Châteaudun est autant à ce prix, que « dans l'attitude énergique de la garde nationale.

« L'établissement d'un poste et de nombreux « factionnaires à la gare n'aura jamais un effet « aussi efficace, tout en présentant beaucoup plus « de danger.

« En face des Prussiens rompus à toutes les « ruses de la guerre et habitués à procéder par « surprises, on ne saurait s'entourer de trop de « précautions.

« Donc, vite, des éclaireurs et des guetteurs ! »

Et, comme pour justifier immédiatement l'utilité et l'opportunité de cet appel, voici qu'une alerte, qui n'a pour cause que le défaut d'informations exactes et le manque d'éclaireurs, a lieu le mercredi 28 septembre, à huit heures du soir.

Alors la générale bat dans toute la ville, et la garde nationale, aussitôt réunie sous les armes, reçoit des cartouches et des cartes de sûreté. A 11 heures du soir, les 2me et 3me compagnies s'acheminent vers Marboué, afin de garder les passages du Loir et les bois des Coudreaux, tandis que les autres occupent en force les postes de la ville et de la gare. Puis, quand, après une nuit passée sans autre incident qu'un peu de fatigue, les gardes nationaux mobilisés rentrent à Châteaudun le lendemain, vers 11 heures du matin, ils trouvent la cité pleine de gardes nationales des cantons de Cloyes et de Châteaudun, arrivées les unes la nuit, le plus grand nombre dans la matinée.

A deux heures de l'après-midi, les autorités passent en revue tous les volontaires présents sur la place Royale ; les 2me et 3me compagnie sont de nouveau envoyées en avant ; à toutes les issues on construit de légères barricades, pour lesquelles on s'empare non-seulement des voitures des habitants, mais encore des attelages des étrangers de passage, des charrettes pleines de denrées venues pour le marché, des voitures des gardes nationaux arrivés à notre secours, et même des véhicules qui contiennent encore le pauvre mobilier de malheureux émigrants ; enfin, dans un but stratégique dont la portée nous échappe, une bonne partie de tous les chars réquisitionnés est disposée sur une ligne dans toute la longueur de la Place, du côté de la Mairie.

Il va sans dire que tous ces faits, accomplis avec

une regrettable précipitation, et sans trop de ménagements, un jour de marché, provoquent de nombreuses et justes réclamations, et causent une panique générale.

Cependant, sur les cinq heures, on acquiert la certitude que l'alarme n'a eu pour cause que ces fausses nouvelles : « Voves est en flammes ! — Les Prussiens sont au Gault-Saint-Denis ! — L'ennemi est aux portes de Bonneval ! — Les Prussiens entrent dans Bonneval ! » et tout rentre à peu près dans l'ordre accoutumé.

II.

La conséquence presque immédiate de ces deux journées d'alerte fut une demande de secours, par l'administration provisoire de Châteaudun, au gouvernement de Tours, et l'envoi par ce dernier d'un corps de francs-tireurs ; en sorte que, dès le soir du 29 septembre, 900 francs-tireurs de Paris sous les ordres de leur commandant, le comte de Lipowski, descendirent dans notre gare, et se rendirent à notre quartier, après avoir toutefois établi des grand'gardes du côté de Vilsain, et organisé plusieurs postes.

Depuis leur arrivée jusqu'au jour où ils prirent

à la défense de Châteaudun la large part que nous allons faire connaître, les francs-tireurs, hébergés pour la plupart chez l'habitant, effectuèrent dans un rayon plus ou moins étendu, autour de nous, diverses expéditions parfaitement inutiles pour notre protection particulière. Il faut même reconnaître que leurs quelques coups de main, — entre autres l'affaire d'Ablis, dont les prisonniers séjournèrent dans notre caserne, — ne furent pas sans influence auprès des Prussiens pour les déterminer à frapper un grand coup sur Châteaudun.

Châteaudun donnait un mauvais exemple; Châteaudun encourageait la résistance des communes voisines et abritait ces francs-tireurs si désagréables aux légions du roi Guillaume; Châteaudun devait être corrigé et puni d'une façon exemplaire.

Donc, rien d'étonnant si, dès les premiers jours d'octobre, les éclaireurs ennemis commencent à rôder dans nos environs.

Dans l'après-midi du lundi 10, cinquante uhlans viennent en reconnaissance jusqu'auprès de Châteaudun; l'un d'eux est même vu à 300 mètres de la barrière du chemin de fer, mais un coup de feu l'empêche d'aller plus loin.

Alors nouvelle alerte dans Châteaudun : la

générale bat encore une fois ; le tocsin sonne ; toute la population valide est sous les armes ; les francs-tireurs et les gendarmes s'élancent dans la plaine, tandis que les gardes nationaux, renforcés de volontaires de tout âge qui se sont armés de fusils de chasse, de fourches et de croissants, gardent les abords de la ville. Quelques barricades sont même commencées ; mais vers six heures du soir on acquiert la conviction que l'ennemi n'est point en force, et qu'il n'y a pas encore lieu de craindre une attaque de sa part.

Dans cette journée du 10 octobre, bien avant que l'alarme n'eût été donnée à Châteaudun, quarante uhlans environ avaient mis pied à terre à Jallans et s'étaient enquis auprès de l'instituteur et des gens du village s'il n'y avait pas dans la ville des mobiles ou des francs-tireurs.

Ces éclaireurs ennemis parcoururent ensuite les communes voisines où ils furent attaqués ; si bien que dans la nuit on en amena à Châteaudun cinq faits prisonniers par des gardes nationaux, savoir : trois à Varize, un à Pontault, commune de Nottonville, et un à Civry. Dès le mardi matin ces prisonniers furent dirigés sur Tours.

En conséquence même des ces incidents qui présageaient un danger immédiat, de nombreux renforts arrivèrent à Châteaudun le mardi soir :

c'étaient un escadron de hussards et des mobiles de Loir-et-Cher et du Gers.

III.

Cependant les événements avaient marché du côté d'Orléans. Après divers combats vers Artenay, où notre armée de la Loire ne s'était guère montrée à la hauteur de sa mission, — à l'exception des zouaves de M. de Charrette, de quelques tirailleurs indigènes et de la légion étrangère, qui avaient fait preuve d'une indomptable valeur, — l'ennemi s'était emparé de la capitale de l'Orléanais, dans la soirée même du mardi 11 octobre. Immédiatement après cette prise de possession, il avait établi divers camps dans la direction de Châteaudun, à Patay, à Lignerolles, à Saint-Sigismond, aux Autels, etc.

Avec l'annonce des progrès de l'armée allemande, la panique et les nouvelles les plus alarmantes se répandent de nouveau dans Châteaudun. On va jusqu'à dire qu'un corps considérable de Prussiens est à Saint-Péravy-la-Colombe et s'avance rapidement vers notre ville.

En face d'une pareille marche, qui semble ne

pouvoir être révoquée en doute, toute résistance paraissant impossible, le conseil croit devoir ordonner le désarmement, et tout le monde peut lire aux portes de l'hôtel-de-ville l'affiche suivante, sans signature, mais revêtue du sceau de la mairie :

« Les trois commandants de hussards, de gardes « mobiles et des francs-tireurs, hier à Château-« dun, ont fait une reconnaissance à la suite de « laquelle il est résulté pour eux que l'ennemi se « dirigeait en très-grandes forces sur Châteaudun.

« Considérant la défense comme impossible, ils « se sont repliés avec leurs troupes. »

Par suite, le mercredi 12 octobre, à onze heures du soir, presque aussitôt après le départ des hussards, des mobiles et des francs-tireurs, la garde nationale est réunie sur la place pour rendre ses armes. L'opération a lieu sans contrôle, et immédiatement un corps de volontaires sous la conduite du commandant Testanière se charge d'escorter les fusils en lieu sûr.

Le lendemain, dès le matin, une grande agitation règne dans la ville ; et, comme il semble résulter d'informations particulières que la panique de la veille n'était nullement justifiée, des groupes fort animés demandent que la mesure de désarmement soit rapportée.

Presque en même temps, quelques uhlans, parfaitement au courant de ce qui vient de se passer, se montrent à l'abattoir et à la gare. Alors, des hommes armés de faulx et de fourches, à défaut de fusils, courent sus à l'ennemi ; quelques tirailleurs vendômois venus en reconnaissance se précipitent vers le passage à niveau du chemin de fer ; quelques coups de feu sont tirés, et voilà les éclaireurs prussiens en fuite.

Néanmoins, les gardes nationales de deux communes éloignées, Alluyes et Bonneval, débouchent vers midi sur la place de Châteaudun, tambours et clairons en tête, et s'emparent des postes jusque-là occupés par les gardes nationaux dunois. En présence de l'attitude des nouveaux arrivants et surtout de quelques plaisanteries de mauvais goût, l'agitation s'accroît, et l'irritation contre le désarmement ne fait qu'augmenter.

Des scènes regrettables que la municipalité est impuissante à réprimer, puisqu'il n'y a plus de force publique capable de maintenir l'ordre — la gendarmerie ayant reçu l'avis de se replier à la première alerte — l'engagent sans doute à une démarche qui va exercer une influence considérable sur les destinées de la ville. Cette démarche est annoncée dans une affiche dont voici le texte :

« En présence des renseignements donnés par

« M. le Préfet d'Eure-et-Loir sur la marche « probable des armées prussiennes qui sont aux « environs d'Orléans,

« Le Conseil envoie l'ordre de ramener de « suite les armes de la garde nationale.

« Châteaudun, le 13 octobre 1870. »

En conséquence, le soir de ce même jour, les francs-tireurs de Paris retirés à Courtalain reviennent à Châteaudun, et le commandement de la ville est remis à leur commandant supérieur, le comte de Lipowski, qui s'empresse de faire afficher sur tous les murs la proclamation suivante :

« VILLE DE CHATEAUDUN.

« Le commandant supérieur des francs-tireurs, « en prenant le commandement de Châteaudun, « fait savoir aux habitants qu'il a fait, hier 12 « octobre, la proposition suivante : de défendre « Châteaudun jusqu'à la dernière extrémité. Il « donnait une demi-heure aux autorités de la « ville pour lui faire connaître leur décision.

« M. le sous-préfet, au nom de la ville, a « rapporté la réponse suivante :

« Que l'on ne se défendrait pas, afin de ne pas « exposer la ville au pillage et à l'incendie.

« Le commandant, qui partout où il a passé a « levé en masse la garde nationale et les habitants,

« désavoue complètement le désarmement de la
« garde nationale de Châteaudun.

« Châteaudun, le 13 octobre 1870.

« *Le commandant supérieur des francs-tireurs de Paris,*
« Comte Ernest DE LIPOWSKI. »

Le lendemain 14, la garde nationale de Châteaudun est donc réarmée, munie de cartouches et remise en possession des postes de la mairie, de la gare et de la caserne. Le même jour on lit, non sans étonnement, à la porte de l'hôtel-de-ville cette déclaration :

« AUX HABITANTS DE CHATEAUDUN.

« Au milieu des événements graves et doulou-
« reux que traverse le pays, la concorde entre les
« citoyens devient de plus en plus nécessaire.
« Aussi, pour ne pas la troubler, la Municipalité
« de Châteaudun se fait un devoir de s'abstenir de
« toute discussion ou justification de ses actes qui
« n'ont d'autre objet que l'intérêt de la ville.

« Pour le conseil municipal,
« Le Maire : LUMIERE. »

Quoique en droit de demander compte de mesures contradictoires, de savoir où est la vérité parmi des assertions diamétralement opposées, nous imiterons — quant à présent — la réserve de l'Administration municipale.

Constatons seulement qu'à partir de la rentrée des francs-tireurs, Châteaudun jouit de tous les avantages qui caractérisent l'état de guerre : réquisitions de toute nature, barricades à toutes les issues, circulation presque nulle par suite de nombreux obstacles, nécessité du sauf-conduit pour sortir de la ville ou y rentrer, soumission complète à l'autorité militaire, sonneries nombreuses, gardes incessantes et alertes continuelles.

IV.

Mais, puisque le mot *barricade* est tombé sous notre plume, avant d'aller plus loin, disons en quoi consistaient les précautions stratégiques prises contre l'ennemi, au moment où commença l'attaque de Châteaudun. .

Pour apprécier complètement le système de défense que le commandant des francs-tireurs prétendait appliquer à notre ville, il faut se reporter au rapport officiel adressé par M. le capitaine Ledeuil au ministre de la guerre, en date à Nogent-le-Rotrou du 21 octobre 1870. Ici, nous n'avons qu'à indiquer les travaux réellement exécutés afin d'arrêter l'invasion d'un corps allemand de quelque importance.

Ces travaux comprenaient des barricades établies à presque toutes les issues, le percement de meurtrières dans plusieurs murs, et la construction d'une redoute.

Les barricades étaient placées dans les positions ci-après : rue de Chartres, à la jonction de l'avenue Florent-d'Illiers; rue d'Orléans, en face la maison Viet-Vaillant, et immédiatement après le passage de la rue de Bel-Air; rue de Bel-Air, à droite et à gauche de la rue d'Orléans et presque au bas de la côte de Nermont; rue d'Angoulême, à sa jonction avec la rue de Bel-Air; rue Loyseau, au coin de la gendarmerie ; rue des Fouleries, au pied du château; rue Lambert-Licors, au coin du puits de Bel-Air; rue Galante, auprès du clos de Bel-Ébat; rue Foucault, au coin de la rue Lambert-Licors; rue de Jallans, au-delà de la rue de la Rainville, et des deux côtés de la rue de Bel-Air; rue Saint-François, à la jonction de la rue Bourbeuse; au haut de la cavée des Religieuses; rue de la Madeleine, au coin de la Place; rue de Luynes, au coin de la Place; enfin, rue du Faubourg-Saint-Jean, à l'extrémité du deuxième pont vers Brou.

Toutes ces barricades n'étaient pas construites

de la même façon. Quelques-unes, formées de voitures renversées et de madriers, ne pouvaient guère servir qu'à arrêter la marche de la cavalerie, mais la plupart se trouvaient vraiment d'une construction et d'une solidité remarquables. Parmi celles-ci, il faut citer surtout celles des rues de Chartres, d'Orléans, de Jallans, de Bel-Air, d'Angoulême, de Luynes et de la Madeleine. Elles présentaient l'aspect de forts murs à parements inclinés, hauts d'environ 1 mètre 66 centimètres, épais de deux mètres et crénelés au moyen de sacs pleins de terre. L'intérieur de chacune d'elles était rempli de sable, de fascines et de pierres, tandis que les revêtements extérieurs étaient formés de pavés régulièrement disposés. Enfin, du côté de la ville, une banquette maintenue par des fascines permettait aux défenseurs d'atteindre facilement les créneaux et d'y passer les canons de fusils.

Ce système de défense était complété par des murailles percées de meurtrières et une petite redoute.

C'est ainsi que les murs de l'enclos des Dames-Blanches, celui qui longe le chemin des Filoirs, et celui qui regarde la rue Saint-François, se trouvaient assez régulièrement crénelés.

Quant à la butte de la même propriété, située

presque au haut de la cavée des Religieuses, elle avait été disposée en redoute ou plutôt en plate-forme capable de recevoir et d'abriter une pièce d'artillerie. Malheureusement, malgré quelques promesses assez évasives du reste, celle-ci fit toujours défaut.

Tels étaient, en résumé, les seuls travaux destinés à protéger Châteaudun, surtout dans son périmètre sur la rive gauche du Loir, lorsque, le 18 octobre, un corps d'armée allemande sous les ordres du général Wittich, accompagné du prince Albert de Prusse et du duc de Saxe-Meiningen, se présenta devant la ville.

V.

Étaient-ils conformes aux règles d'une bonne stratégie? Étaient-ils suffisants pour arrêter l'ennemi et permettre de lui résister victorieusement?

N'en déplaise aux organisateurs de la défense, nous ne le croyons pas, quand même le nombre des défenseurs de Châteaudun eût été plus considérable.

M. le capitaine Ledeuil, chargé de tous nos travaux de fortification, avec le concours de

MM. les capitaines Durosey, Boulanger et Kastner, ne le reconnaît-il pas lui-même, lorsqu'il écrit :

« Deux plans se présentaient : ou faire deux « enceintes de fortifications à l'intérieur et à « l'extérieur ; ou se barricader seulement *intra* « *muros*.

« Mais ces deux conditions exigeaient :

« 1° 2,000 hommes de garnison ; — nous n'étions « que 700 ; cavalerie et garde mobile nous « avaient quitté le 17.

« 2° Une exécution rapide, l'ennemi étant « proche ; et ni les rares matériaux, ni le petit « nombre de travailleurs mis à notre dispo- « sition par la ville, ne nous permettaient de l'ob- « tenir.

« Je me résignai à regret à barricader seule- « ment l'intérieur, sous réserve de profiter de « tous les répits pour combiner les deux « systèmes, et d'achever la défense entière si le « temps le permettait.

. . . .

« Malheureusement la Municipalité de Château- « dun ne nous prêta qu'un concours *forcé* pour « tous ces travaux, qui, vu la présence de l'en- « nemi, demandaient 500 travailleurs, pendant « trois jours. C'est à peine si nous en avons réuni « 100. »

Ainsi, des deux systèmes de défense possibles : ou faire deux enceintes de fortifications à l'intérieur et à l'extérieur; ou se barricader seulement *intra muros*; c'est le dernier, c'est-à-dire le plus dangereux pour la sécurité des habitants et la conservation de leurs maisons, qu'on a choisi. Pourtant, le premier résultat d'un pareil système se présente de suite à l'idée. N'est-il pas évident que son application va exposer les habitations à la ruine, à l'incendie et au pillage, et les personnes les plus inoffensives, les vieillards, les femmes et les enfants, à toutes les horreurs et tous les dangers de la guerre, presque sans chances de salut? D'un autre côté, est-ce que dans toute résistance, — et particulièrement lorsqu'il s'agit d'une ville ouverte, d'une position dont la conservation ou la perte est sans aucune importance sur les résultats généraux de la guerre, — on ne doit pas mettre en première ligne la sauvegarde des citoyens et des propriétés?

Mais le temps, mais les défenseurs, mais les matériaux, mais le bon vouloir de l'Administration et des habitants ont fait défaut — nous dit-on.

Erreur! pour ne pas dire plus.

C'est dans la nuit du 13 au 14 octobre qu'on a commencé les barricades dont la construction a été poursuivie sans relâche, et c'est le 18, à midi et demi, que l'ennemi a lancé ses premiers obus sur la ville.

En préparant ces travaux de défense on pouvait calculer sur un chiffre de deux mille combattants puisque le bataillon de mobiles du Gers, rentré à Châteaudun peu après les francs-tireurs, ne quitta nos murs que dans la matinée du 18.

Ajoutons que tout ce que l'Administration municipale a pu fournir de matériaux et d'ouvriers, elle l'a incontestablement fourni; mais les travailleurs n'ayant pas le don d'ubiquité, ne pouvant en même temps faire leur service de gardes nationaux et se mettre à la disposition des francs-tireurs comme ouvriers, n'ont nécessairement pu donner un énorme contingent pour élever des barricades et percer des murs. Seulement, il est juste de rappeler ici qu'un grand nombre de citoyens, nullement familiarisés avec la pioche, la pelle et le pavé, ont néanmoins fait acte de bonne volonté et apporté leur pierre à l'édifice.

Que personne ne cherche donc après coup à se rehausser, en incriminant la Municipalité et la population dunoises.

Que surtout on laisse de côté, comme injuste et inexacte, l'épithète : *forcé*, appliquée au concours de l'une ou de l'autre.

Quand on n'a guère qu'une responsabilité fort

restreinte; quand il importe peu qu'on combatte derrière des obstacles accumulés dans une ville, ou des défenses naturelles au milieu de la campagne, on doit y regarder à deux fois, avant d'accuser des citoyens qui n'ont pas seulement à sauvegarder leur vie et leur fortune, mais encore à protéger efficacement l'existence et les biens de milliers d'habitants, femmes, enfants, vieillards et malades, ayant tous si grand besoin de protection et de sécurité !

Sans doute, le dévouement absolu à la patrie a droit à toutes nos sympathies et à tout notre respect, mais s'il doit, sans aucun avantage pour le présent, sans aucun espoir pour l'avenir, augmenter inconsidérément les désastres, les ruines et les deuils, ce n'est au fond qu'un acte insensé.

Croit-on sérieusement qu'une population jusqu'alors heureuse, tranquille, depuis longtemps à l'abri de la guerre et de ses horreurs, puisse se prêter de gaîté de cœur à des actes qui vont, à la première apparition de l'ennemi, amener le carnage et la dévastation dans ses foyers?

C'est mal reconnaître une généreuse hospitalité, c'est se montrer injuste pour de vaillants compagnons d'armes, après avoir indirectement critiqué leur attitude avant l'action, que de passer ensuite à peu près sous silence leur conduite pendant le combat, comme le font plusieurs rapports.

L'amitié et la préférence qu'on a pour les siens ne doivent jamais exclure complètement la justice envers les autres!

VI.

Allons, qu'on rende à César ce qui appartient à César, et à Dieu ce qui appartient à Dieu!

Et maintenant que voici le grand jour, rendons à chacun la justice qu'il mérite, en continuant à raconter les faits dans toute leur vérité, et sans parti pris de favoriser celui-ci au détriment de celui-là :

Midi vient de sonner à l'hôtel-de-ville de Châteaudun.

Sur la place, une compagnie de francs-tireurs de Paris se réunit au bruit du clairon pour aller en reconnaissance ; deux compagnies de la garde nationale, la première et la quatrième, sont rangées devant la mairie ; l'une doit prendre la garde et l'autre remettre les postes; plusieurs gardes nationaux se dirigent déjà vers les lieux qui leur sont assignés : à l'hôtel-de-ville, à la caserne et aux barricades; le capitaine Marie réunit autour de lui une vingtaine de braves volontaires pour les lancer en éclaireurs du côté de la Beauce, quand éclate ce cri : *Les Prussiens! voici les Prussiens!*

Et de fait, à ce moment même, une forte colonne ennemie formant une masse sombre s'avance en bon ordre sur la route d'Orléans et atteint la tuilerie, tandis qu'un autre corps vient par la route de Meung.

Immédiatement le clairon sonne, le tambour bat; francs-tireurs et gardes nationaux absents de la place, au premier signal, y accourent de toutes parts.

Après un premier moment de confusion causé par la soudaineté de l'apparition de l'ennemi, alors que rien dans la matinée ne signalait son approche, tout le monde se rend aux postes, dont la distribution vient de se faire avec la plus grande rapidité.

Mais, avant d'aller plus loin, qu'on nous permette une parenthèse :

Quand l'ennemi s'était signalé en force, les jours précédents, par la dévastation et l'incendie des villages de Varize, Civry et Menainville, sans que de Châteaudun on pût obtenir le plus petit secours, réclamé pourtant avec la plus vive instance; quand de fortes colonnes allemandes s'avançaient de plus en plus dans la direction d'Épieds,

Ouzouer-le-Marché et Binas, comment se fait-il qu'un corps d'armée de 10 à 12,000 hommes pourvu d'une nombreuse artillerie ait pu, en plein midi, venir jusqu'aux portes de Châteaudun sans être annoncé? Les francs-tireurs, dont le premier devoir était de bien éclairer les environs de la ville qu'ils voulaient défendre, ont-ils fait tout ce qu'ils devaient à cet égard? Il est bien permis d'en douter. Dans cette épouvantable guerre où la Prusse a déployé force ruses, il était pourtant déjà bien temps que la surprise ne fît plus partie des bagages français!

Quoi qu'il en soit, le premier moment d'étonnement passé du côté de la ville, francs-tireurs et gardes nationaux sont bientôt à leurs postes : les uns aux barricades fermant les principales issues, les autres dans les cavées restées libres; ceux-ci derrière les murs crénelés, ceux-là disséminés en tirailleurs dans les vignes et sur la chaussée du chemin de fer.

De l'autre côté, l'armée ennemie sous les ordres du général Wittich, avec infanterie, cavalerie et artillerie, se déploie rapidement de manière à investir en un clin d'œil tout le périmètre de la ville sur la rive gauche du Loir, en s'appuyant à la Boissière, en amont, et aux Récollets, en aval. Toutefois, si son mouvement est prompt, s'il a pour but de cerner les défenseurs de Châteaudun et de leur rendre toute retraite impossible, il faut dire qu'il doit manquer son effet, puisque la partie nord de la cité reste complètement libre.

Vers une heure quelques volées de canon tirées sur la gare, dont la marquise, les portes et les fenêtres sont atteintes par les projectiles, donnent le signal de l'attaque.

Bientôt après, un observateur (1) placé dans la tour du château entend le bruit strident d'un obus et le voit éclater sur l'hôtel-de-ville. Encore quelques instants, et la malheureuse mairie, qui semble le point de mire de l'ennemi, reçoit une grêle de projectiles; et frontons, lucarnes, toitures, têtes de cheminées, éclats de cloche, de dégringoler avec un horrible fracas, au milieu de nuages de poussière et de fumée.

En même temps le bruit de la fusillade se mêlant à la voix du canon résonne de toutes parts : sur la chaussée du chemin de fer, vers le Champdé, aux barricades des rues de Chartres, d'Orléans, d'Angoulême et de Bel-Air, en arrière du petit bois de Mondoucet, dans l'enclos des Dames-

(1) M. Montarlot, qui a publié dans le *Moniteur* des 27 et 28 octobre 1870 deux excellents articles sur les événements de Châteaudun.

Blanches, à la cavée des Religieuses et à la Guinguette.

L'ennemi manœuvrant lestement son artillerie dans toute la plaine, depuis les derrières de la tuilerie de la route d'Orléans jusqu'aux vignes de Saulièvre, filant, non loin de la Croix-Rousseau, par le passage à niveau de la route de Baugency, et près de Saint-Aubin, met plusieurs pièces en batterie à gauche de la tuilerie, derrière Saint-Aubin et à Saulièvre.

Un véritable bombardement, sans sommation préalable, commence alors pour ne finir qu'à la nuit noire. Sur les édifices publics et les maisons particulières, dans les rues et sur les places, c'est une pluie de feu, un déluge d'obus et de mitraille. Et, s'il est vrai, comme l'affirme le rapport officiel allemand, que l'ennemi ait employé trente canons, c'est à plusieurs milliers qu'il faut évaluer les bombes lancées sur la ville.

Tout le temps du bombardement la fusillade ne discontinue pas, et, sur tous les points attaqués, elle retentit avec la plus grande vivacité.

Partout aussi, derrière les barricades, comme dans l'enclos des Dames-Blanches et autour de la Guinguette, où l'attaque est des plus énergiques, gardes nationaux et francs-tireurs, un peu mêlés sur tous les points, tiennent vigoureusement tête à un ennemi bien supérieur en nombre et sans cesse renaissant.

Jusqu'à sept heures du soir tous les assauts des Allemands sont même victorieusement repoussés, et les assaillants éprouvent des pertes considérables.

Outre les engagements aux barricades des rues de Bel-Air, de Chartres et d'Orléans, la lutte est particulièrement meurtrière pour l'ennemi autour de Mondoucet, près duquel, dès les premiers moments, des gardes nationaux et des francs-tireurs, déployés en tirailleurs, ont ouvert le feu contre la cavalerie allemande. Mais de nombreux fantassins ennemis, s'avançant à leur tour vers le bois et l'habitation dont ils prennent bientôt possession et dans lesquels ils se retranchent, la plus grande partie des nôtres se replie derrière la barricade de la cavée des Religieuses et les murs des Dames-Blanches, et dirige un feu bien nourri sur les nouveaux assaillants.

Un autre renfort arrive bientôt à ces derniers, car voici qu'après une vive fusillade de part et d'autre l'artillerie ennemie débouche en bon ordre au-delà des haies et du petit bois de Mondoucet. Peu familiarisés avec les uniformes des armées allemandes, et trompés par la vue de casques qui leur font l'effet de la coiffure traditionnelle de nos pompiers, les gardes nationaux croient d'abord à un secours des communes voisines et cessent un instant le feu. Cette méprise dure peu. La fusillade reprend vite sur toute la ligne, avec une nouvelle intensité; si bien que l'artillerie ennemie, — car les hommes aux casques brillants ne sont autres que des artilleurs bavarois, — peut difficilement, de ce côté, mettre ses pièces en position.

A chaque instant un franc-tireur placé sur la redoute où commande le lieutenant Chabrillat, abat un homme ou un cheval. C'est ainsi que les pièces établies auprès d'une vigne à Saulièvre ont plusieurs servants et chevaux tués. Il en est de même de celles placées derrière Saint-Aubin. A un moment même un canon complètement démonté tombe entre les mains des francs-tireurs qui, par suite du manque de chevaux, sont obligés d'abandonner leur prise.

Néanmoins, vers deux heures et demie, l'artillerie allemande envoie de formidables décharges dans le parc des Dames-Blanches, sur l'église de la Madeleine, la sous-préfecture, le château, un grand nombre de maisons particulières, et même l'hôpital dont le pavillon à la croix de Genève est cependant on ne peut plus visible des points où les batteries ennemies sont établies. L'hospice est donc intentionnellement atteint par plusieurs projectiles. Vers trois heures de l'après-midi, un obus, — entre autres, — défonce le toit et pénétre, avec un épouvantable fracas, dans une salle de blessés. Un de ces derniers même, un pauvre franc-tireur, qui, un quart d'heure auparavant, a courageusement subi l'amputation d'un bras, est tellement effleuré par les éclats que, saisi de terreur et tout sanglant, il trouve la force de se traîner dans les escaliers et d'atteindre les caves. Enfin, un homme est tué dans sa maison, à deux pas de l'hospice.

En présence d'actes aussi révoltants et si contraires à toutes les lois de l'humanité, n'est-il pas permis de dire que les Allemands ont montré une fois de plus qu'ils méconnaissaient les droits les plus sacrés, et qu'ils n'étaient que les aveugles instruments de l'homme assez grisé par le succès pour proclamer à la face du monde entier ce sauvage axiôme : *La force prime le droit?*

Oh! l'Europe est bien coupable de tolérer de pareils attentats, d'y donner même son approbation, en gardant un glacial silence! Plaise au Ciel qu'elle n'ait pas à regretter, plus tard, sa lâche condescendance pour une puissance que l'orgueil de la victoire enivre au point de lui faire fouler aux pieds les plus respectables sentiments d'humanité, tout en se couvrant de déclarations et de proclamations les plus hypocrites et les plus mensongères!

L'avenir fera bientôt connaître qui dit vrai : du Français racontant les atroces souffrances que l'invasion fait peser sur lui, ou de l'Allemand assez osé pour rejeter sur la France les cruautés dont il ne se rend que trop coupable.

VII.

Cependant l'effroyable bombardement continue sans relâche. En tombant sur la ville, des obus de différents calibres renversent les cheminées, défoncent les toits, crèvent les murailles et brisent en mille pièces volets et croisées. D'autres, remplis de pétrole et plus spécialement destinés à allumer l'incendie, mettent le feu sur plusieurs points.

C'est par un projectile de cette nature que Mondoucet est atteint alors même qu'il est encore occupé par des fantassins ennemis ; il ne tarde pas à devenir la proie des flammes et à s'écrouler avec fracas, au milieu des cris des Prussiens que la fusillade des Dames-Blanches continue à inquiéter vivement.

Vers trois heures du soir, l'incendie, causé par

les obus, éclate dans cinq ou six endroits différents, notamment dans la maison Lecesne.

Une heure plus tard, près de vingt maisons sont la proie des flammes, et le ciel s'empourpre de lueurs sinistres.

Pourtant, les défenseurs de Châteaudun, soldats improvisés pour la plupart, malgré leur petit nombre — environ 1300, dont 700 francs-tireurs de Paris, 115 de Nantes, 50 de Cannes, et les gardes nationaux, — malgré la douleur de voir tomber à leurs côtés leurs camarades tués ou blessés, tiennent partout tête à l'ennemi, en lui infligeant des pertes considérables, jusqu'à sept heures du soir environ.

Mais, alors, voici qu'on pousse des hourras frénétiques dans la rue de Chartres. C'est le cri de triomphe d'une colonne d'infanterie allemande qui s'avance vers la Place. Après avoir tourné la barricade de la rue Galante, elle vient d'emporter la barricade de la rue de Chartres, malgré un retour offensif des nôtres.

A vrai dire, il est même étonnant que ces deux barricades aient pu tenir aussi longtemps, placées qu'elles étaient dans des conditions défectueuses.

Celle de la rue de Chartres surtout, au pied de laquelle une force ennemie considérable pouvait arriver inopinément en débouchant de l'avenue

Florent-d'Illiers, — la maison Chalmel et le clos de Bel-Ébat n'étant point occupés par les défenseurs de Châteaudun, — laissait réellement beaucoup à désirer.

VIII.

Le sort en ayant décidé ainsi, à huit heures environ, une masse sombre débouchait en bon ordre sur la place Royale, au sortir de la rue de Chartres; puis un épais cordon noir entourait la fontaine.

Tout-à-coup une fusillade terrible éclate contre les envahisseurs, au chant de la *Marseillaise*. Elle est immédiatement suivie d'une charge à la baïonnette. L'engagement dure bien vingt minutes, sans que les assaillants puissent être chassés. Alors les officiers des francs-tireurs commandant la réserve et quelques petits détachements retirés des barricades, entreprennent de les mettre entre deux feux. Ils réussissent à ce point, que l'ennemi est complètement refoulé dans la rue de Chârtres, et la Place reste jonchée de morts.

A ce momènt encore, si le moindre renfort était venu au secours de Châteaudun, le désastre qui l'a frappé eût été sans doute évité, et la triste victoire du corps prussien se serait probablement changée en défaite. Quand de nombreux mobiles stationnaient presque à nos portes, par quelle fatalité toute demande de secours est-elle restée infructueuse? Dans ce cas le Gouvernement de Tours n'a-t-il pas fait preuve d'une coupable imprévoyance ?

Après la retraite de la colonne allemande qui s'était avancée la première sur la Place, M. le capitaine des francs-tireurs, Ledeuil, occupe l'hôtel-de-ville avec le gros des détachements repliés, pour reprendre à l'ennemi les positions conquises.

Mais, presque en même temps, la barricade de la rue Saint-François est à son tour franchie, et les Prussiens débouchent au haut de la rue de Blois. Dans leur trajet, pour faciliter leur marche, ils ont beau répondre : Francs-tireurs! au qui-vive des factionnaires qu'ils rencontrent, leur accent tudesque ne trompe personne ; quelques coups de feu et la menace d'une attaque à la baïonnette les font rétrograder à plusieurs reprises.

IX.

Malgré cela, la position n'était plus tenable pour les défenseurs de Châteaudun, confondus au milieu des ténèbres, éclairés de temps à autre par les lueurs effrayantes de l'incendie, et en trop petit nombre pour résister encore à l'ennemi qui semblait déborder de toutes les positions, à l'est et au sud de la Place.

Alors eurent lieu des scènes d'inhumanité que nous nous refuserions à croire, si nous n'avions, avec notre propre témoignage, l'affirmation des gens les plus dignes de foi, et si, chaque jour encore, nos yeux ne reposaient sur de tristes débris, muets témoins de tant d'horreurs.

Franchement, nous nous attendions à mieux de l'Allemagne dont nous avions jusque-là admiré les savants travaux et les veilles scientifiques.

Furieux de l'héroïque résistance qu'ils avaient rencontrée ; heureux, sans doute, d'abonder dans le sens d'ordres, dont le grand tort est d'oublier le droit des gens et de ne voir que la souveraineté du but ; fidèles enfin à un système d'intimidation et de terreur que toutes les nations civilisées ne sauraient trop flétrir, les soldats du roi Guillaume veulent faire un effrayant exemple pour décourager désormais la résistance des villes ouvertes.

En conséquence, presque en même temps, la plus grande partie des maisons du quartier Saint-Valérien, que l'incendie allumé par les obus n'avait pas encore gagnées, est envahie. La soldatesque ennemie enfonce les portes, brise les fenêtres, se rue dans les habitations, fait main basse sur tout ce qui excite sa convoitise, maltraite les habitants, les expulse violemment de leur domicile ou les retient prisonniers, et finit par mettre le feu à la main pour hâter plus sûrement l'œuvre de destruction. La brosse à pétrole et la bougie de campagne fonctionnent à l'envi, sans préjudice d'autres moyens. Tant pis pour les demeures que leurs habitants n'abandonnent pas assez vite! Malheur surtout aux malades, aux infirmes et aux vieillards!

Ici, sans écouter les supplications d'une femme qui veut sauver son mari âgé et paralytique, ces forcenés mettent le feu au lit du pauvre malade, qui se tord au milieu d'horribles convulsions, et dont il ne reste bientôt plus que d'affreux débris carbonisés. Là, à quelques pas plus loin, ils assassinent à coups de révolver un vétéran de nos armées, le capitaine Michau, dont ils rejettent le cadavre sanglant dans les flammes.

N'avait-il pas eu le tort, le pauvre vieux soldat, de dire aux vainqueurs qu'il aurait rougi de faire une guerre pareille!

Dans une maison de la rue de Bel-Air, par un raffinement de cruauté, sous menace de mort, ils veulent forcer le propriétaire, — un vieillard, — à mettre lui-même le feu à son immeuble.

A l'hôtel du Grand-Monarque, ils montrent que la reconnaissance — même celle du ventre — est difficile à porter.

Le maître d'hôtel les a bien accueillis ; il a servi ses mets les plus délicats et ses meilleurs vins; au quart d'heure de Rabelais, il ne demande à ses hôtes, qui venaient de faire largement honneur au festin, que la permission de continuer à soigner ses casseroles en paix. C'était assurément se montrer peu exigeant. Eh bien! malgré les prières de la maîtresse de maison, le feu est mis dans la salle à manger même, avec cette observation ironique : qu'il était inutile de chercher à l'éteindre en cet endroit, puisque déjà aux étages supérieurs l'incendie crépitait sur dix ou douze points différents, — ce qui n'était malheureusement que trop vrai.

Grâce à ces actes de véritable vandalisme, bientôt deux cents maisons sont en flammes, et présentent l'aspect d'un immense brasier dont l'effrayante lueur jette la consternation à dix lieues à la ronde.

Rien d'étonnant qu'à la vue de tant de désastres une inexprimable angoisse s'empare de la population et que, convaincus de l'impossibilité et de l'inutilité d'une plus longue résistance, francs-tireurs et gardes nationaux, qui, dix heures durant, ont tenu tête à l'ennemi, songent décidément à la retraite. Les premiers se retirent donc en bon ordre, par le faubourg Saint-Jean, vers dix heures du soir. En même temps, des femmes, des enfants affolés de terreur, des gardes nationaux, craignant pour leur liberté ou leur vie, s'en vont par longues files dans la direction du Perche, non sans se retourner bien des fois, et sans jeter un regard de profonde tristesse sur cet immense foyer qui allait, en quelques heures, consumer le fruit de tant de labeurs et engloutir ainsi tant d'espérances !

Au milieu de la nuit sombre, au moment où l'incendie règne dans toute son intensité, c'est du reste un spectacle à la fois épouvantable et grandiose que la vue de la moitié de Châteaudun en flammes !

Alors plus de fusillade, mais un silence de mort planant sur cette lugubre scène, et que trouble seulement, de temps à autre, la crépitation du terrible incendie.

Le vainqueur même n'ose poursuivre son triste succès. Il ne dépasse pas la place Royale et campe pour la plus grande partie vers Malainville et Lutz, où il avait pendant le combat laissé sa réserve, — après avoir ramassé, autant que possible, ses morts et ses blessés pour dissimuler ses pertes.

Malgré cette dernière précaution, il est néanmoins constant que la victoire lui a coûté cher, même très-cher. 2,000 à 2,500 hommes mis hors de combat, tant tués que blessés, tel serait le bilan des pertes de l'ennemi, non seulement d'après les indications recueillies sur les divers points de la lutte, mais encore à s'en tenir aux aveux échappés à quelques officiers prussiens, lors de leur passage à Bonneval et à Chartres.

X.

Enfin, la voilà écoulée cette journée si longue et si pleine d'angoisses, du 18 octobre 1870! La voilà aussi passée cette nuit plus douloureuse encore du 18 au 19 octobre!

A cinq heures du matin, l'incendie continuant son œuvre de destruction, sans que jusqu'alors aucun obstacle sérieux lui eût été opposé, plusieurs courageux habitants de Châteaudun prennent la résolution de demander au commandant des forces prussiennes l'autorisation de manœuvrer les pompes. Conduits dans ce but à la gare, et introduits auprès d'un officier supérieur à barbe blanche, à physionomie intelligente et digne, ils voient leur requête octroyée. — Rendons même cette justice à un ennemi : c'est que l'accueil a été poli, et la permission demandée, accordée sans objection.

En revenant chez eux, à la pointe du jour, ces messieurs ont la douleur de constater tout à la fois et les progrès de l'incendie et les dévastations les plus déplorables. Ce que le feu a épargné est voué au pillage.

Ici, c'est le bureau de poste dont une bande de soldats fait sauter la devanture, force la caisse et jette la correspondance au ruisseau. Plus loin, d'autres pillards enfoncent les portes à coups de hache et dévalisent tout ce qui leur tombe sous la main : vins, liqueurs, linge, effets d'habillement, couteaux, rasoirs, armes, papier, couverts, denrées de toute nature; tout leur est bon, tout disparaît. Puis, des fourriers, après avoir examiné l'extérieur des maisons et supputé, d'après leur apparence, le nombre de ceux qu'elles peuvent contenir, écrivent sur chaque porte à la craie la quantité d'hommes à loger et le numéro de leur régiment ; si bien qu'en un instant le gros des envahisseurs, pénétrant dans toutes les rues, se précipite dans les habitations désignées. Si le propriétaire du domicile envahi est présent, les soldats du roi Guillaume se contentent de transformer en sales dortoirs les plus belles pièces, d'exiger une table abondamment pourvue et surtout d'absorber lestement les plus fines liqueurs et les meilleurs vins. Mais malheur aux demeures abandonnées par leurs hôtes habituels ! Elles sont livrées à une dévastation et à un désordre inouïs ; leurs caves enfoncées se vident rapidement ; leurs offices et garde-manger sont en un clin d'œil dépouillés de toutes leurs provisions ; le linge et les effets d'habillement disparaissent prestement ; les portraits de famille sont empochés ou foulés aux pieds ; les principales pièces se changent en capharnaüms où les choses les plus diverses se heurtent dans le plus inénarrable désordre et la saleté la plus révoltante. Enfin, la dévastation et la spoliation sont poussées si loin que tous les papiers sont minutieusement examinés, que tous les titres au porteur sont rigoureusement retenus, et que nombre d'objets jonchent le parquet des appartements, le pavé des corridors et la chaussée des rues. Il semble que le génie malfaisant, qui préside à tous ces débordements, ait moins pour but d'en tirer profit que de faire le mal pour le mal.

Mais pour ces bons Allemands, si gorgés de gloire à nos dépens, — grâce à la criminelle impéritie de l'Empire, à la coupable sottise de ses hauts et dévoués serviteurs, à l'aveuglement et à l'incroyable ineptie de son chef, — il ne suffit pas d'être victorieux, d'être maîtres du champ de bataille, de piller et d'incendier, il faut encore faire des prisonniers. Il en faut, et beaucoup. Le moyen de s'en procurer importe peu ; l'essentiel est d'en avoir ; et le général Wittich, si l'humanité n'est pas son fort, est au moins ferré sur cet article.

Cet illustre guerrier s'étant aperçu, le lendemain du combat, qu'il avait remporté une grande victoire, en l'honneur de laquelle il avait trouvé charmant d'illuminer un immense horizon, en brûlant plus de deux cents maisons, et que les prisonniers manquaient, voulut couronner convenablement un aussi éclatant triomphe. Dès lors, rien de plus simple, pour lui, que de se donner le luxe d'un convoi de captifs présentable.

Des ordres sont donnés en conséquence : d'abord on enjoint aux gardes nationaux, sous les peines les plus sévères, de rapporter immédiatement leurs armes à la mairie ; et les premiers qui se présentent, pour la remise de leurs fusils, sont appréhendés au collet et faits prisonniers.

Comme on le voit, un peu de ruse ne nuit pas. Mais l'exemple des premiers gardes nationaux n'est pas fait pour encourager les autres, et les prisonniers n'abondent guère. Eh bien ! pour arriver à ses fins, la soldatesque allemande arrête au hasard : et ceux qui se trouvent sous sa main dans les rues, et ceux qui se contentent de la regarder passer du seuil de leurs demeures, et ceux qui, fuyant les balles et l'incendie, sont trouvés tremblants dans leurs caves, — jusqu'à des infirmes et des vieillards complètement incapables de commettre le moindre acte d'hostilité.

On fait ainsi environ cent prisonniers de guerre, et, comme il n'existe aucune raison sérieuse de maltraiter ces malheureux, il va sans dire qu'on se montre fort rigoureux envers eux. D'abord, pour les empêcher de fuir, on les parque dans une fosse profonde de la tuilerie de la route d'Orléans, et on les fait stationner là une partie de la nuit, avec 50 centimètres d'eau bourbeuse au-dessus de la cheville. Puis on les conduit à marches forcées, sans se préoccuper des souffrances de ceux qui ne vont que difficilement, et sans leur donner à manger.

Plus tard, à Orléans, où la population compatissante vient de dresser des tables pour apaiser la faim des pauvres Dunois, les Allemands dévorent le repas préparé, et rejettent dédaigneusement les restes les plus infimes à leurs victimes ; ils menacent même les Orléanais qui, indignés de ces mauvais procédés, s'apprêtent à apporter de nouveaux vivres.

Enfin, après force privations et de longues marches, nos malheureux compatriotes gagnent l'Allemagne du nord. Aujourd'hui ils sont internés à Colberg, ville de Poméranie, sur les bords de la Baltique, et, sans être mauvaise langue, — malgré leur correspondance plus ou moins rassurante, — on peut dire qu'ils ne sont point à bout de souffrances et que leurs geôliers ne sont rien moins qu'aimables envers eux.

Disons-le hautement, même au cours de cette affreuse guerre de 1870, on a rarement vu traiter des prisonniers avec tant de rigueur. Les disciples des nuageux philosophes Fichte et Hegel, les fanatiques des poésies de Goëthe et de Schiller, les écoliers des universités de Gœttingue et de Leipsik, si fiers de leur instruction, si enflés de leur civilisation germanique, font décidément peu de cas de la générosité et des sentiments chevaleresques.

Quand Français et Russes combattaient sous les murs de Sébastopol, et qu'une trêve leur permettait de s'aborder autrement que les armes à la main, en adversaires qui se rendaient réciproquement justice et déploraient les dures nécessités de la guerre, ils avaient les uns envers les autres les procédés les plus nobles et les plus délicats. Plus d'une fois, officiers et soldats fraternisèrent sans arrière-pensée, sauf à remplir noblement leur devoir quand le drapeau parlementaire serait abaissé.

Mais il semble que, pour les cohortes du roi Guillaume, un grand courage et une résistance héroïque, loin d'être une cause d'admiration et un objet de respect, doivent seulement donner carrière à un redoublement de colère.

Oui ! pour *les envoyés de Dieu*, il faut que la France soit vaincue et foulée aux pieds, moins par la vaillance de l'armée allemande, que par la terreur et l'intimidation. Les moyens importent peu, le but est tout !

XI.

C'est pour cela qu'on pille, c'est pour cela qu'on brûle, c'est pour cela qu'on tue — même des gens sans défense.

Ainsi, rue d'Angoulême, un forgeron, sans la moindre arme, prend la fuite au *qui vive !* d'une sentinelle, et, en plein jour, il est tué d'un coup de fusil. Rue de Blois, un compositeur d'imprimerie est frappé à mort, à peu près dans les mêmes circonstances. Sur la Place, un pauvre franc-tireur entièrement désarmé est impitoyablement fusillé. Plusieurs personnes couchées en joue, sans motifs, ne doivent leur salut qu'à des circonstances fortuites. Sans le dévouement de la supérieure de la Providence, la famille Lépine n'existerait plus.

Et les sentiments haineux qui produisent de tels actes se manifestent, sous toutes les formes, jusque chez les officiers supérieurs.

« Le beau spectacle qu'une ville en flammes ! » dit l'un d'eux, en dînant à la lueur de l'incendie.

« Il faut que ce soit le sort de toute la France et que femmes, enfants, vieillards, tout y passe ! » s'écrie un autre.

« Nous avons pour mission de ruiner le plus possible le pays ! » ajoute un troisième.

« Mais pourquoi tiriez-vous avec tant d'achar-
« nement sur le clocher de Saint-Valérien ? » —
« Pour écraser beaucoup de maisons ! » répond encore un de ces philanthropes allemands.

C'est aussi, — pour un lettré sans doute, — le moment de lancer à l'un des maîtres du collége dont les classes viennent d'être converties en écuries, avec un sourire ironique et toute la satisfaction que cause à son inventeur un mot spirituel, cette singulière apostrophe : « Vous devez être bien humilié de voir nos chevaux dans vos classes ! » Comme si un acte de grossièreté pouvait déshonorer un autre que son auteur !

Que voilà bien les hommes de Tacite, lorsqu'il dit :

Ubi solitudinem faciunt, pacem appellant !

Cependant, en amoncelant tant de ruines, ces bons Allemands n'oublient pas de remplir leur caisse. Les juifs usuriers suivent leurs armées, avec force charriots, et enlèvent, à destination de l'Allemagne, le butin qu'ils achètent à vil prix ou dont ils donnent récipissé aux heureux pillards pour régler ultérieurement. Bien entendu qu'à Châteaudun les vainqueurs sont accompagnés de cette utile vermine, qui remise ses lourdes et ignobles voitures dans l'ancienne fabrique de la Rainville.

Le pillage ne produisant pas assez, et la pauvre ville prise d'assaut n'étant pas assez punie par le meurtre, l'incendie, la dévastation et l'enlèvement d'une centaine de citoyens, le besoin d'une contribution de guerre se fait vivement sentir. Le général Wittich la fixe modérément à 200,000 francs, et y ajoute les réquisitions suivantes : 1,500 couvertures, 100 kilos de sel, 100 kilos de café, 400 litres d'eau-de-vie et 20,000 litres d'avoine. Pour une cité dont la moitié est encore en flammes, dont les habitants sont en fuite ou sans asile, dont pas un édifice public n'a été épargné par le bombardement, c'est vraiment très-modeste! n'est-ce pas?

Avec des peines infinies, le Conseil municipal, réduit à quelques membres seulement, parvient à réunir une somme de 52,000 francs sur lesquels on ne verse qu'un à-compte de 30,000 francs, et ne livre que 110 couvertures, 100 kilos de sel et 100 kilos de café.

On s'en contente et l'on donne un reçu de trente mille francs à valoir sur cinquante-deux.

Oh! les dignes Allemands!

XII.

Quand on fait si bien les choses, on a la conscience légère et le cœur gai.

Alors, un petit air de musique ne fait pas mal. Allons, une valse de Strauss, un morceau de Weber, une ouverture de Wagner! Et, dans toutes les maisons qui en possèdent, les pianos de résonner et de servir d'accompagnement au pillage.

Avec toutes leurs douleurs et toutes leurs humiliations, les pauvres Dunois sont encore obligés de dévorer l'ironique insulte de cet affreux charivari, pendant toute la journée de mercredi.

Heureusement nos bruyants ennemis ne peuvent

se livrer à la joie du triomphe aussi complètement qu'ils le voudraient. Quelques alertes viennent les déranger. A plusieurs reprises leurs épaisses et sombres colonnes font retentir sous leurs pas lourds et cadencés le pavé de nos rues, tantôt en sortant de la ville, tantôt en y rentrant.

Enfin, le jeudi 20, à 4 heures du matin, de toutes les issues les soldats allemands, levés et équipés en toute hâte, débouchent sur la Place et s'y massent; puis le véritable départ s'effectue, en files nombreuses et serrées, par les routes de Chartres et de Brou.

Alors, les Dunois se sentent un peu respirer et cessent d'être en proie à l'affreux cauchemar qui les étouffait depuis deux jours. Mais aussi la froide et terrible réalité les étreint de toutes parts :

Toutes les maisons que l'incendie ne dévore pas encore sont ouvertes, et des bougies ou des chandelles, fichées dans des bouteilles, éclairent les intérieurs ignoblement salis et saccagés. Le parquet des pièces et le pavé des corridors sont jonchés de bouteilles cassées, de vin répandu, de chandelle, de bougie, de papiers maculés, de linge d'une saleté révoltante, de chiffons noircis, de débris de verre, de noix écrasées sous les pieds et d'os à moitié rongés, tandis que les meubles sont couverts d'assiettes pleines de débris de festin, de graisse, de blanc d'Espagne, de coupes à moitié vides et de vases de cuisine noirs et graisseux. Ajoutez à cela une odeur âcre, *sui generis*, qui vous monte à la gorge et vous agace horriblement les nerfs olfactifs.

Et ce ne sont pas seulement les maisons qui portent les traces de la dévastation et du pillage; la Place elle-même est remplie de bouteilles cassées, de fusils brisés, d'ordures de toute sorte, avec accompagnement de deux cercueils prussiens près de la fontaine.

XIII.

De son côté, l'incendie continue toujours son œuvre de destruction, et, comme si les feux allumés dans la journée du 18 ne suffisaient pas à asseoir solidement la réputation d'inhumanité de nos ennemis acharnés, plusieurs Allemands sur leur départ tiennent absolument à rappeler qu'ils se servent très-bien de la torche incendiaire. C'est ainsi qu'après avoir été hébergés, pendant leur séjour dans deux pauvres maisons voisines du Champdé, ces misérables mettent le feu aux toits qui les ont abrités.

Pour être juste autant qu'exact, il faut néanmoins

dire que dans certaines maisons les pillards ont agi avec quelque délicatesse. Tandis que dans plusieurs habitations les plus beaux meubles étaient fracturés à coups de hache et portaient d'affreuses traces, dans d'autres, placards, coffres-forts, bureaux, secrétaires, commodes et armoires ont été ouverts presque discrètement. Ainsi des armoires à glace ont été déplacées et forcées par derrière ; de sorte que, remises en place, elles présentent l'aspect de meubles complètement intacts.

Mais ce ne sont là que de rares exceptions. Généralement les pillards ont agi, moins pour tirer profit que pour faire le plus de mal possible. Entre autres un médecin, un homme qui par son éducation, son instruction, sa position, devrait répudier le pillage, a soin, non-seulement de voler au confrère chez lequel il est logé ses meilleurs instruments de chirurgie, mais encore de briser ceux qu'il ne peut emporter.

O humanité des philanthropes allemands !

XIV.

Le jour même du départ de l'armée ennemie, le gouvernement de la Défense nationale signait le décret suivant :

« La Délégation du Gouvernement de la défense nationale établie à Tours,

« Considérant que la petite cité de Châteaudun, ville ouverte, a résisté héroïquement pendant plus de neuf heures, dans la journée du 18 octobre, aux attaques d'un corps prussien de plus de 5,000 hommes, qui n'a pu réussir à l'occuper qu'après l'avoir bombardée, incendiée et réduite en cendres ;

« Considérant que, dans cette mémorable journée, la garde nationale sédentaire de Châteaudun s'est particulièrement distinguée par son énergie, sa constance et son patriotisme, à côté des braves francs-tireurs de la ville de Paris ;

« Considérant qu'il y a lieu de signaler à la France, par un décret spécial du Gouvernement, le noble exemple donné par la ville de Châteaudun aux villes ouvertes exposées aux attaques de l'ennemi, et de subvenir aux premiers besoins de la population chassée de ses demeures par l'incendie et les obus prussiens ;

« Décrète :

« Art. 1er. — La ville de Châteaudun a bien mérité de la patrie.

« Art. 2. — Un crédit de 100,000 francs est ouvert au ministère de l'intérieur pour aider la population de Châteaudun à réparer les pertes qu'elle a subies, à la suite de la belle résistance de la ville aux Prussiens, dans la journée du 18 octobre 1870.

« Art. 3. — Les Ministres de l'intérieur et des finances sont chargés, chacun en ce qui le concerne, de l'exécution du présent décret.

« Fait à Tours, le 20 octobre 1870.

« L. GAMBETTA, AD. CRÉMIEUX,
AL. GLAIS-BIZOIN, L. FOURICHON. »

En même temps, le Gouvernement de Tours expédiait à M. Jules Favre la dépêche suivante :

« Dans la journée du 18 octobre, la ville de Châteaudun (Eure-et-Loir) a été assaillie par un corps de 5,000 Prussiens. L'attaque a commencé à midi sur le périmètre de la ville dont les rues intérieures étaient barricadées. La résistance s'est prolongée jusqu'à neuf heures et demie du soir. Les francs-tireurs de Paris, la garde nationale sédentaire de Châteaudun ont rivalisé de courage et d'énergie. A un moment, la place de la ville était couverte de cadavres prussiens. On estime les pertes de l'ennemi à plus de 1,800 hommes. La ville n'a pas été occupée. Elle a été bombardée, incendiée, et les Prussiens ne se sont établis que sur des ruines. L'incendie dure encore. Ces détails ont été rapportés par M. de Termond, receveur des postes, qui a brillamment fait son devoir de citoyen ; le commandant de la garde sédentaire, M. Testanière, a été tué à la tête de son bataillon. La résistance de Châteaudun, ville ouverte, peut être mise à côté des pages les plus héroïques de notre histoire. La Délégation du Gouvernement ouvre un crédit pour subvenir aux besoins des familles de Châteaudun. Ce décret porte que cette petite cité a bien mérité de la patrie.

« *Signé :* Léon GAMBETTA. »

Cette dépêche excite à Paris un vif enthousiasme, et le Gouvernement de la Défense nationale décrète que la rue du cardinal Fesch prendra désormais le nom de *rue de Châteaudun*.

D'autre part, sur la place du Panthéon, une tente dressée en face de la rue Soufflot et destinée à recevoir les enrôlements de la garde nationale, porte à son sommet un drapeau noir sur lequel on lit trois noms : *Strasbourg, Toul, Châteaudun*.

Maintenant on annonce que le sculpteur Carpeaux vient d'exécuter un groupe allégorique, représentant l'héroïque défense de Châteaudun, à laquelle le *Journal officiel*, de son côté, consacre ces lignes :

« A Châteaudun, la population civile défend

pendant toute une journée, une ville ouverte, contre un ennemi aguerri par le succès, et qui dispose des moyens militaires les plus savamment organisés que l'on connaisse.

« La ville de Châteaudun n'a pas été prise, elle s'est fait anéantir ; elle ne s'est pas rendue, elle a péri dans un de ces efforts d'héroïsme qui sont, pour un peuple comme le nôtre, aussi féconds que des victoires. Une nation qui donne, dans ses malheurs, de pareils exemples, ne peut mourir. Les épreuves la grandissent et la purifient. Une série de catastrophes, unique dans l'histoire, a pu détruire en quelques jours toutes les forces organisées de ce grand peuple, mais l'âme de la France est impérissable, et c'est l'âme de la France qui la sauvera. »

Tout cela n'est que justice, car Châteaudun a donné l'exemple du courage et du patriotisme dans des conditions d'infériorité telles que pas une ville, pas un bourg, pas un village, ne peut désormais invoquer l'insuffisance de ses forces.

XV.

Aussi, signaler au moins ceux qui se sont plus particulièrement distingués, dans cette journée mémorable, où presque tout le monde a fait son devoir, est vraiment un acte d'équité.

Déjà le *Moniteur* a fait connaître MM. de Lipowski, lieutenant-colonel, commandant des francs-tireurs de Paris, Boulanger et Ledeuil, capitaines, Nesnard, sergent au même corps, Brossier-Charlot, photographe à Châteaudun, qui tous ont reçu le ruban de la Légion d'honneur.

Il faut ajouter à ces noms ceux de M. Dangier, sergent aux francs-tireurs de Paris, qui, de la redoute des Dames-Blanches, fit éprouver des pertes sensibles à l'artillerie ennemie, de M. Legalle, capitaine des francs-tireurs nantais, mort sur le champ de bataille, de MM. Ferrand et Aubin, appartenant au même corps. Du reste, il est juste de reconnaître que tous les Nantais se sont battus comme des lions, et que leur compagnie a été la plus éprouvée.

A part quelques rares et regrettables exceptions, les gardes nationaux sédentaires, armés et présents à Châteaudun, ont fait leur devoir et vaillamment tenu tête à l'ennemi jusqu'au moment où la retraite est devenue une nécessité. Les officiers en général se sont montrés à la hauteur de leur mission, en faisant preuve d'un véritable courage et du plus grand sang-froid. L'un d'eux a quitté le dernier la barricade de la rue de Jallans, qui tenait encore vers onze heures du soir.

Parmi les simples gardes nationaux, une famille d'ouvriers qui s'était toujours montrée ardente pour la défense, et qui, au moment du danger, n'avait pas cru devoir se replier, a versé héroïquement son sang : le père a été blessé, et l'un des fils est tombé mortellement frappé par une balle. Des volontaires, des femmes, des enfants ont aussi rendu les plus grands services et montré la plus grande intrépidité, en portant des munitions à plusieurs reprises, au milieu des balles et des obus.

Une mention spéciale est également due à tout le corps de pompiers qui a fait son service le jour du bombardement, malgré la fusillade et le canon, et qui, le lendemain, sur la permission de l'autorité prussienne, a continué ses utiles travaux et arrêté ainsi les progrès et les ravages de l'incendie.

Quelques-uns des fonctionnaires civils ne sont point restés en arrière des autorités militaires, au milieu du péril commun. A cet égard, la conduite du maire a été particulièrement courageuse et digne. Il est resté à son poste, à l'hôtel-de-ville, depuis midi jusqu'à onze heures du soir, pendant qu'une grêle de projectiles tombait sur la maison commune, brisait les fenêtres et les portes, défonçait les toits et les cloisons, réduisait en éclats les charpentes, et communiquait le feu, qu'on dut éteindre à deux reprises. Durant tout ce temps il était accompagné du sous-préfet et d'un membre du Conseil municipal. Quant aux autres conseillers municipaux, partie remplissait son devoir aux barricades, partie se trouvait en mission, et le reste s'était prudemment replié dans le Perche.

Les médecins, de leur côté, n'ont pas failli à leur tâche. Les blessés ont immédiatement trouvé les soins que réclamait leur position auprès de nos docteurs, qui, au milieu de tous les dangers, ont prodigué les secours de leur art et fait ainsi preuve du plus courageux dévouement. Comme partout, comme toujours, les sœurs hospitalières ont été admirables de zèle et d'abnégation.

Au surplus, s'il fallait citer tous ceux dont la conduite mérite des éloges, ce ne seraient pas quelques noms pris parmi les plus méritants qu'on devrait écrire, mais ceux de l'immense majorité des habitants et des défenseurs.

Voilà pourquoi la vieille cité dunoise a bien mérité de la patrie! Voilà pourquoi elle a conquis une page glorieuse dans l'histoire!

Mais la gloire coûte cher.

XVI.

Châteaudun le sait comme pas une ville française.

Pauvre petite cité, naguère si coquette, si jolie, si propre !

Les descendants des Huns et des Vandales ont passé, et voilà tes édifices horriblement mutilés, la plus grande partie de tes maisons brûlées, la plupart de tes rues embarrassées de décombres et converties en cloaques, un grand nombre de tes enfants plongés dans le deuil et frappés de ruine !

Ainsi, le joli clocher de Saint-Valérien porte, pour sa part, les traces de 80 ou 100 obus.

La vieille église de la Madeleine a sa toiture emportée sur une large étendue, sa charpente brisée en maint endroit, sa voûte de merrain horriblement trouée, ses piliers du bas-côté nord gravement endommagés, ses fenêtres romanes affreusement disloquées. Elle, qui a déjà tant souffert de son passage à travers les siècles et de l'incurie des hommes, offre bien l'image de la dévastation et de la ruine !

L'élégant hospice, son voisin, qui devait être respecté, à tant de titres, n'a pas été plus épargné. Les obus lui ont aussi fait d'affreuses trouées.

La sous-préfecture a subi à peu près les mêmes traitements, et porte également la trace des boulets prussiens.

Le bombardement s'en est pris à tout, jusqu'à

la statue du grand Dunois, jusqu'à la vieille tour de Thibault-le-Tricheur dont la magnifique charpente a subi quelques avaries ; mais, pour les puissantes assises des murailles du vieux donjon, les obus allemands n'ont été que le *telum imbelle* du poète.

Malheureusement, il n'en a pas été de même de l'hôtel-de-ville qui, avec le clocher de Saint-Valérien, a partagé le triste avantage d'être un des principaux objectifs des batteries ennemies. Il présente bien, tant au dehors qu'à l'intérieur, l'aspect saisissant d'une ruine due à la guerre, avec son toit percé à jour presque partout, son campanile disloqué, son horloge trouée et réduite au silence, ses charpentes broyées, ses cheminées, ses lucarnes, ses corniches jetées à terre, ses cloisons et ses murs crevassés et lézardés.

La fontaine monumentale, qui par sa position devait aussi servir de point de mire à l'artillerie allemande, sans être aussi gravement atteinte, se sent également du ravage des projectiles prussiens.

La gare du chemin de fer est à peu près dans les mêmes conditions. Cependant, si l'extérieur a peu souffert, l'intérieur a été affreusement bouleversé par les éclats d'obus.

Mais, où la dévastation et la ruine prennent des proportions effrayantes, et présentent à l'œil le plus triste spectacle, c'est dans le quartier Saint-Valérien.

Plusieurs rues offrent vraiment l'aspect lugubre de ces villes mortes de l'antiquité, qu'un terrible cataclysme a tout à coup enlevées à la vie, et que la pioche des chercheurs modernes vient de remettre au jour. Rien de saisissant comme les rues de Chartres, d'Orléans, de Bel-Air, de Saint-Valérien, du Sépulcre, de Jallans, d'Angoulême, de Blois, Dunoise, et Lambert-Licors. Partout d'énormes tas de décombres, des pignons nus et noircis, des façades écroulées, des pans de murs lézardés et menaçants, des débris informes de mobiliers et d'ustensiles de ménage, des morceaux de ferraille, des fragments de charpentes carbonisés. Partout l'abandon, un silence de mort et l'image de l'anéantissement.

Indépendamment des habitations plus ou moins atteintes par le bombardement, 235 maisons sont complètement détruites par l'incendie. Dans ce nombre, 12 seulement ont été brûlées par les bombes, 193 ont été la proie de feux mis à la main, et le surplus n'a dû sa ruine qu'au voisinage de bâtiments en flammes.

Toutes ces demeures ont péri avec leurs mobiliers et marchandises; de sorte que l'ensemble des dégâts matériels de la journée du 18 octobre peut se chiffrer à environ 5 millions.

Que de familles aisées et même riches hier, aujourd'hui en butte aux privations et à la misère ! Que d'espérances envolées ! Que de deuils ! Et là, où la propriété est si profondément atteinte, la vie humaine court les plus grands dangers, bien des existences disparaissent. Aussi, douze cadavres ont-ils été retrouvés dans les décombres, plus ou moins carbonisés et méconnaissables. Les familles Lucas et Saillard ont fourni le plus fort contingent à cette funèbre compagnie de la mort.

Parmi les défenseurs étrangers à la ville, les francs-tireurs de Nantes ont subi les pertes les plus graves. Ceux de Paris viennent après.

Quant à la garde nationale et à la population civile, outre les asphyxiés, elles ont eu une trentaine de morts et blessés.

Il n'y a réellement que la satisfaction du devoir accompli, l'espoir d'une vie meilleure et le témoignage de profondes sympathies qui puissent atténuer les douloureux effets d'un aussi triste bilan.

XVII.

Puisque nous parlons de sympathies, nous devons dire qu'elles n'ont pas fait défaut aux pauvres Dunois, sans parler du décret et du secours de la Délégation du Gouvernement de la défense nationale.

A Tours, un homme qu'on est sûr de voir prendre l'initiative de toute œuvre de dévouement, M. le comte de Galembert, a entrepris avec M. Ratel une campagne de charité en faveur des incendiés de Châteaudun, de Varize et de Civry. Il a eu le plaisir de remettre lui-même à notre mairie l'abondant produit de ses quêtes.

A Blois, M. Ollivier Lecesne, un enfant de Châteaudun, propriétaire du *Journal de Loir-et-Cher*, a ouvert dans ses colonnes une souscription qui a produit 6,000 francs d'argent et des dons en nature à peu près d'égale valeur.

Au Mans, M. Mauduit, un autre Dunois, a aussi provoqué des souscriptions qui s'élèvent à 14,000 francs.

La Société internationale, sous la présidence de M. de Flavigny, nous a de son côté apporté une offrande de 25,000 francs.

M. John Léonard, inspecteur des ambulances du nord-ouest, a remis à la Commission de secours, comme témoignage de la sympathique admiration de la ville de Cork (Irlande), une somme de 2,500 francs et une caisse d'effets.

Grâce à M. Giraud, cafetier à Oucques, qui n'a pas oublié son ancien pays, les incendiés dunois ont profité d'une collecte de 395 francs.

M. le duc de Doudeauville, se rappelant la générosité d'un de ses ancêtres, M. le duc de Luynes, après l'incendie de 1723, a offert à la ville de Châteaudun une somme de 30,000 francs à prélever sur le prix des coupes de bois de la forêt de la Gaudinière.

M. de Mirepoix a fait un don de 600 francs, avec abandon d'une certaine quantité de pierre à bâtir des carrières de Montigny, dont il fera connaître plus tard l'importance.

Une souscription ouverte à Nîmes, par les soins de M. Lumiere fils, a produit 2,000 francs et des vêtements.

A Paris, le grand Opéra et le Théâtre-Français ont donné, au profit des Dunois incendiés, chacun une représentation ; la dernière fit salle comble; on y joua l'*Andromaque*, le *Médecin malgré lui* et les *Cuirassiers de Reischoffen*.

Un comité formé par MM. de Belfort et Raimbert sous le titre de Comité dunois, a réuni de son côté 35,000 francs; un autre, appelé Comité patriotique, a reçu 14,000 francs.

Malgré les bruyantes sympathies du président Grant pour le roi Guillaume et ses sujets, la cité de New-York, qui n'a pas encore oublié les services rendus par la France à la grande République américaine, a signalé son estime pour Châteaudun par l'envoi de 20,000 francs.

Il faut espérer que, grâce à ces dons, les plus éprouvés par les désastres du 18 octobre passeront moins durement les journées les plus pénibles de la mauvaise saison. Et, quand viendront des jours meilleurs, quand la paix permettra à la France de reprendre ses travaux et de cicatriser les horribles plaies de l'invasion, ceux qui supportent avec tant de résignation, et même avec une noble fierté, des malheurs immérités, emploieront leur activité et leur énergie à réparer en même temps et les brèches de leur fortune et les désastres de leur chère cité.

Oui, bientôt Châteaudun renaîtra de ses ruines, et donnera, une fois encore, raison à sa vieille devise :

Extincta revivisco.

XVIII.

Mais, dans un siècle comme le nôtre, à une époque où tant de théories humanitaires voient le jour sous le ciel nuageux de la Germanie, pour venger la civilisation et l'humanité outragées, il est bon que des actes, tels que ceux accomplis à

Châteaudun par les soldats du roi Guillaume, reçoivent la plus grande publicité.

Ce n'est pas assez pour les Allemands d'avoir chèrement payé leur triste victoire ; ce n'est pas assez pour eux d'avoir eu environ 2,000 hommes, dont 30 officiers hors de combat, dans cette lutte inégale ; il faut encore qu'ils soient mis au ban de l'opinion publique en Europe.

Quelque grand que soit l'éclat de sa puissance, quand une nation se révèle au monde sous un jour aussi odieux que la Prusse, elle doit bientôt trouver son châtiment !

Les Allemands, enorgueillis par des succès inespérés, ont beau dire, dans un élan d'enthousiasme qui n'a rien de chrétien ni d'humain, que les races latines ont fait leur temps, et qu'elles doivent disparaître pour céder la place à la race germanique ; ils ont beau semer la terreur, la dévastation et la mort, en dignes descendants des Huns et des Vandales, afin d'abaisser, humilier et détruire cette France dont le plus grand tort envers eux est d'avoir bien accueilli et bien nourri, pendant des années, leurs émigrants faméliques ; la France ne mourra pas, la France sera un jour complètement vengée, et avec elle toutes les cités si cruellement traitées par la soldatesque prussienne, bavaroise, badoise, mecklembourgeoise, hessoise, wurtembergeoise, hanovrienne, saxonne, hanséatique et holsteinoise.

Un jour — la Providence nous doit bien ce retour — les fils de ces Dunois si bombardés, si pillés, si insultés, fouleront en vainqueurs le sol de la Germanie et montreront à l'ennemi que le vrai courage et la véritable force ne consistent pas à maltraiter des populations désarmées, à bombarder des villes ouvertes et à écraser des vaincus ; que ceux-là seuls sont vraiment civilisés et dignes de marcher à la tête des nations, qui n'usent pas constamment du mensonge et de l'hypocrisie, qui mettent d'accord leurs paroles et leurs actes, qui savent se montrer généreux et chevaleresques envers des braves trahis par la fortune, qui n'oublient jamais et les principes du droit international et les lois les plus sacrées de l'humanité.

Ce sera leur plus éclatante vengeance; et le monde applaudira alors à leur grandeur d'âme, comme il admire aujourd'hui le courage des combattants du 18 octobre.

L.-D. C.

INCENDIES

DE VARIZE ET DE CIVRY

INCENDIES

DE VARIZE ET DE CIVRY

Parmi les communes rurales de France, qui ont déployé contre les envahisseurs allemands le plus d'énergie et de courage, il faut citer Varize et Civry, villages voisins de Châteaudun. Les divers petits combats livrés sur leurs territoires sont trop à l'honneur de leurs habitants pour que nous les passions sous silence.

Par trois fois, et dans les circonstances suivantes, Varize et Civry ont héroïquement résisté à l'ennemi :

Le 10 octobre 1870, un détachement de cavalerie prussienne traverse le bourg de Varize pour se rendre à Châteaudun ; à son retour, il est reçu à coups de fusil par les gardes nationaux des deux communes, qui avaient eu le temps de s'armer, se réunir et se cacher dans un bois voisin des habitations. Cette brusque attaque tue un homme et un cheval, et coupe en deux la colonne ennemie. Par suite, quinze cavaliers effrayés se précipitent dans les marais de la Conie, vers la goure de Spoy. Là, ils sont sur le point de tomber tous entre les mains de braves gardes nationaux lancés à leur poursuite, lorsqu'un berger leur signale le danger de leur position ; alors ils rebroussent chemin, et, reçus de nouveau à coups de fusil, ils laissent un homme tué, cinq prisonniers et quatre chevaux.

Dans la soirée, toute la capture, hommes et chevaux, est amenée à Châteaudun par plusieurs des combattants.

Pendant que Varize et Civry infligeaient à l'ennemi cette première correction, un officier de uhlans était tué à quelques pas de là, à Pontault, commune de Nottonville. Il avait sur lui 160 francs en or, une montre d'or et et du linge très-fin.

On l'enterra d'abord dans l'endroit où il avait trouvé la mort ; mais le lendemain on le transporta dans le cimetière de la commune.

Si ce chef de pillards n'avait rien d'extraordinaire parmi ses bagages, il n'en était pas de même de ses soldats. L'un de ces derniers, — sans doute pour éviter les surprises de la faim et des intempéries, — avait cru prudent de se charger d'un poulet, d'une livre de beurre, d'un pain, d'un gâteau, de six paires de chaussons d'un paquet de mouchoirs et d'une douzaine de châles.

Et dire que tous les soldats du roi Guillaume pillent aussi consciencieusement! Vraiment, devant de tels exploits, leur auguste maître ne doit pas se sentir d'aise, et n'a qu'à rendre grâce au Dieu des armées!

Cependant, les Prussiens tiennent à prendre une éclatante revanche de l'attaque du 10 octobre. Le 14 donc, deux cents cavaliers venant de Patay se présentent à Varize dans l'espoir d'avoir facilement raison de ses quelques défenseurs. Malgré leur plus grand nombre, ils sont aussi bien accueillis que leurs devanciers, par les gardes nationaux réunis de Varize et de Civry; ils laissent sur le carreau onze des leurs, et fuient honteusement devant une poignée de braves — trente hommes tout au plus.

Mais, avec le système d'intimidation et de terreur qui fait une grande partie de la force des Allemands, une pareille conduite mérite une vengeance éclatante, un châtiment exemplaire.

Ah! misérables, vous ne voulez pas vous laisser

piller de bonne grâce! Ah! vous avez l'audace de défendre vos foyers contre les soldats du roi Guillaume! Ah! paysans sans courage, vous avez l'infamie, avec une poignée d'hommes mal armés, de tenir tête à de nombreux cavaliers bien équipés! Eh bien! vous allez être fusillés, mitraillés, incendiés! Pas de pitié pour votre race maudite! Mort à vos femmes et à vos enfants!

Et, en vérité, le roi Guillaume-le-Justicier ne serait plus le favori du Dieu des armées si les choses se passaient autrement.

Donc, encore une fois les vaillants soldats de la Germanie vont marcher sur Varize. Mais d'abord de la prudence, et pour cause.

Comme on le sait, Varize est situé sur la Conie et dans un bas-fond. Le marais impraticable l'entoure presque de toutes parts. Une seule voie le traverse. Pour mettre les habitants dans l'impossibilité de fuir et d'être secourus, il suffit de barrer les deux issues de la route de Toury et d'occuper en force les rives de la Conie.

C'est cette dernière précaution que les Prussiens prennent d'abord dans la journée du 15 octobre. Deux colonnes fortes d'environ 6 ou 800 hommes, composées de cavalerie, infanterie et artillerie, partent de Patay et se présentent inopinément des deux côtés de la vallée, de manière à tout cerner et à empêcher toute fuite vers Châteaudun ou vers Orgères. Néanmoins les vaillants gardes nationaux n'hésitent pas encore à leur tenir tête, tandis que les femmes, les enfants et les vieillards, effrayés par les détonations du canon et la chute des obus, se réfugient dans les taillis du parc et les hautes herbes du marais.

Bientôt les Prussiens ont cinquante hommes hors de combat, parmi lesquels plusieurs officiers. Un de ces derniers, un capitaine, est ramené grièvement blessé à Patay.

De leur côté les habitants de Varize et de Civry, toujours réunis pour la défense, ont la douleur de compter treize victimes : huit morts et cinq blessés. Il va sans dire que plusieurs personnes inoffensives, traquées comme des bêtes fauves, ont été impitoyablement fusillées.

Une fois maîtres de la place — et avec la supériorité de leurs forces cela ne leur était pas difficile, — les assaillants pillent et saccagent toutes les maisons du village ; puis, leur butin mis à l'abri, ils incendient une à une, à la main, avec du pétrole et du goudron dont ils sont porteurs, toutes les habitations.

Cette exécution accomplie, une colonne prussienne se dirige vers Civry pour lui infliger le même traitement.

A son approche, les femmes, les enfants, les vieillards, restés seuls au village, se sauvent de toutes parts. Pour la plupart ils échappent, non sans peine, à la fureur de l'ennemi. Mais, comme Varize, Civry est pillé, saccagé, incendié.

Maintenant, il ne reste de Varize, bourg de soixante-douze feux, que deux maisons et l'église atteintes en partie par les flammes. Rien de plus navrant que ces ruines au milieu des arbres et des roseaux de la vallée !

Quant à Civry, il possède encore toutes les maisons reconstruites après le terrible incendie du onze juillet précédent, son école, son église et son presbytère. En bornant ses dévastations à toutes les anciennes demeures, l'ennemi a-t-il obéi à un sentiment d'humanité ? C'est peu probable. Il ne faut voir aucun calcul, là où il n'y a probablement qu'un accident.

Au moment où ces scènes d'horreur commençaient, le courrier d'Orgères, sans méfiance, arrivait à Varize et tombait aux mains de quelques uhlans, qui le recevaient à coups de lance et le conduisaient prisonnier à leur camp de Patay.

De ce camp, dans la soirée, on apercevait distinctement la lueur des incendies.

Ce spectacle, paraît-il, récréait vivement la soldatesque allemande, qui jetait de temps à autre au pauvre prisonnier, avec un accent marqué de satisfaction, cette barbare exclamation : *Varize et Civry brûlent! Que c'est beau, le feu!*

Oh! les dignes gens et les généreux ennemis que ces fumeurs et ces rêveurs Allemands!

L-D. C.

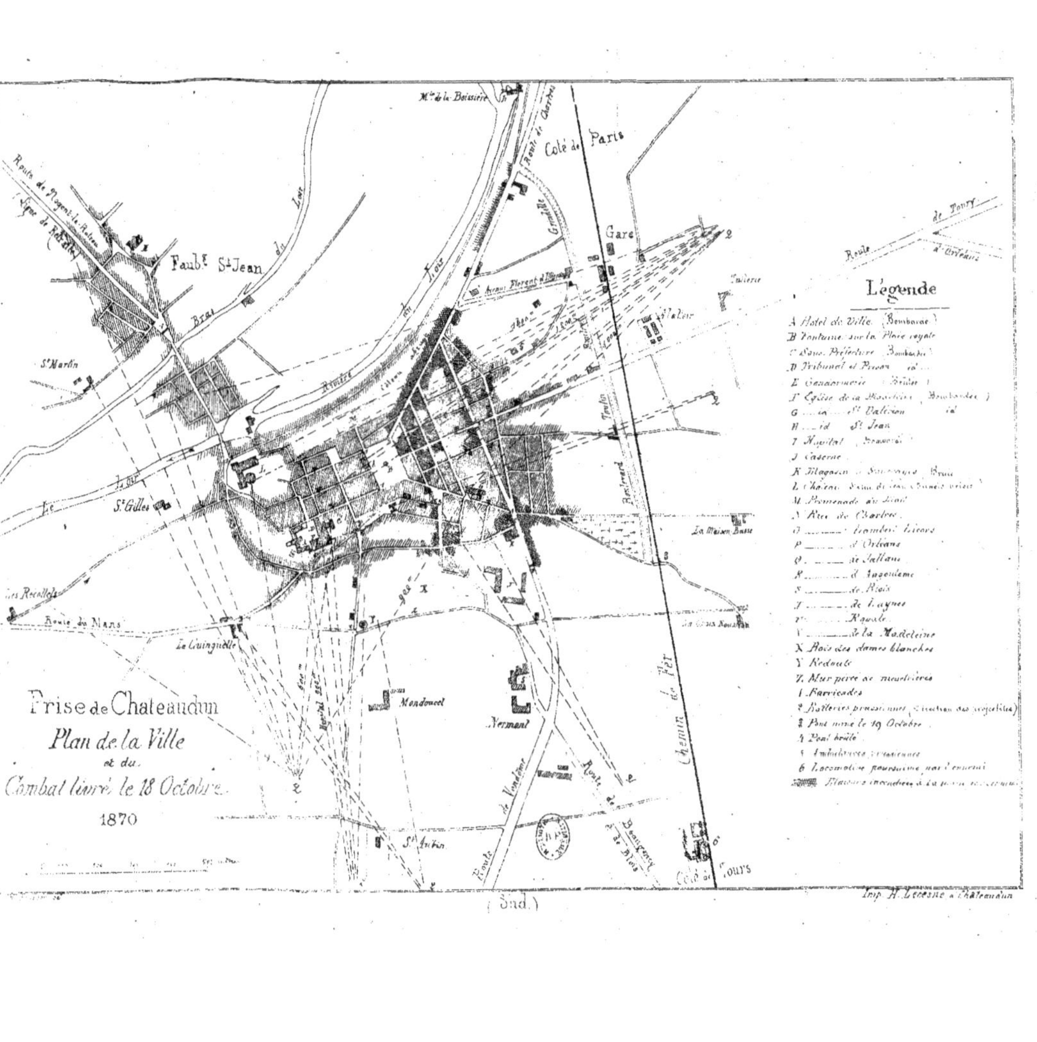
Prise de Chateaudun
Plan de la Ville
et du
Combat livré le 18 Octobre
1870
Légende
A Hotel de Ville (Bombardé)
B Fontaine sur la Place royale
C Sous Préfecture (Bombardée)
D Tribunal et Prison id
H id St Jean
J Caserne
N Rue de Chartres
P d'Orléans
V de la Madeleine
X Bois des dames blanches
Y Redoute
Z Mur percé de meurtrières
1 Barricades
2 Batteries prussiennes (direction des projectiles)
3 Pont miné le 19 Octobre
4 Pont brûlé
6 Locomotive poursuivie par l'ennemi
Faubg St Jean
Bras du Loir
Rivière du Loir
St Martin
Le Loir
St Gilles
Les Recollets
Route du Mans
La Guinguette
Mondoucet
Vermant
St Aubin
Route de Vendôme
Route de Blois
Côté de Tours
Chemin de Fer
Côté de Paris
Gare
Route de Chartres
Route d'Orléans
La Maison Brûlée
Boulevard
(Sud)
Imp. H. Lecesne à Chateaudun

www.ingramcontent.com/pod-product-compliance
Lightning Source LLC
LaVergne TN
LVHW020420230826
846091LV00004B/1349

* 9 7 8 2 0 1 1 9 1 1 5 5 1 *